🐾 탐정 돋보기 사용법

❶ 전용 주머니에서 탐정 돋보기를 꺼내요.

❷ 탐정 돋보기를 정답 상자 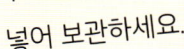 위에 갖다 대면, 정답이 나타나요.

❸ 탐정 돋보기의 가로선을 정답 상자에 수평이 되도록 대어야 정답이 나타나요.

❹ 수학 추리 모험을 마친 뒤에는 탐정 돋보기를 전용 주머니에 넣어 보관하세요.

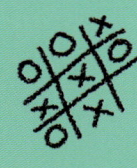

셜록 본즈와 함께하는 덧셈 뺄셈 수학 추리 모험

초판 1쇄 인쇄일 2020년 8월 5일 | **초판 1쇄 발행일** 2020년 8월 20일 | **글** 조니 맥스, 커스틴 스완슨 | **그림** 존 빅우드 | **옮김** 황혜진
펴낸이 유성권 | **편집장** 심윤희 | **편집** 유옥진, 김세영 | **디자인** 천현영 | **마케팅·홍보** 김선우, 김민석, 박희준, 김민지, 김애정 | **관리·제작** 김성훈, 박혜민, 장재균
펴낸곳 (주)이퍼블릭(사파리) | **출판등록** 1970년 7월 28일(제1-170호) | **주소** 서울시 양천구 목동서로 211 범문빌딩 | **전화** 02-2651-6121 | **팩스** 02-2651-6136
홈페이지 www.safaribook.co.kr | **카페** cafe.naver.com/safaribook | **블로그** blog.naver.com/safaribooks | **페이스북** www.facebook.com/safaribookskr

SHERLOCK BONES AND THE ADDITION AND SUBTRACTION ADVENTURE
First published in Great Britain in 2018 by Buster Books, an imprint of Michael O'Mara Books Limited, 9 Lion Yard, Tremadoc Road, London SW4 7NQ
Copyright © Buster Books 2018
Korean translation copyright © E*PUBLIC KOREA CO., LTD(Safari), 2020
This edition is published by arrangement with Michael O'Mara Books Limited through KidsMind Agency, Korea.

이 책의 한국어판 저작권은 키즈마인드 에이전시를 통해 Michael O'Mara Books Limited와 독점 계약한 (주)이퍼블릭(사파리)에 있습니다.
신 저작권법에 의해 한국 내에서 보호를 받는 저작물이므로 무단 전재와 복제를 금합니다.

ISBN 979-11-6057-587-3 74400 | 979-11-6057-376-3(세트)

* 이 도서의 국립중앙도서관 출판예정도서목록(CIP)은 서지정보유통지원시스템 홈페이지(http://seoji.nl.go.kr)와 국가자료종합목록 구축시스템
  (http://kolis-net.nl.go.kr)에서 이용하실 수 있습니다.(CIP제어번호: CIP2020031127)

* 책값은 뒤표지에 있습니다.
* 이 책의 내용 일부 또는 전부를 재사용하려면 반드시 저작권자와 (주)이퍼블릭 양측의 동의를 얻어야 합니다.
* 사파리는 (주)이퍼블릭의 유아·아동·청소년 출판 브랜드입니다.

팩티비티

셜록 본즈와 함께하는
덧셈 뺄셈 수학 추리 모험

글 조니 막스, 커스틴 스완슨 | 그림 존 빅우드 | 옮김 황혜진

사파리

캣슨 박사

셜록 본즈

모리쥐티 교수

내 이름은 셜록 본즈!
탁월한 수학 실력은 기본이고, 번뜩이는 추리 능력까지 갖춘 세계 최고의 명탐정이지! 나와 함께 수학 추리 모험을 떠나 보지 않을래? 도시의 안전을 위협하는 생쥐 일당을 죄다 잡아들이고, 악당 두목 모리쥐티 교수도 체포해 보자고!

이 책은 총 다섯 단계로 이루어져 있어. 각 단계마다 수학 추리 모험을 완수하면 메달과 셜록 본즈의 탐정 배지를 받을 수 있지. 이 책에서는 지금까지 경험했던 것과는 차원이 다른 덧셈 뺄셈 퀴즈들을 만나게 될 거야. 어려울 것 같다고? 걱정하지 마. 믿음직한 동료 캣슨 박사와 내가 힌트를 줄 테니까!

다섯 단계로 이루어진 덧셈 뺄셈 수학 추리 모험에 도전해 봐!

도전, 동메달! … 3-9
탐정이 되려면 덧셈은 기본 | 뺄셈도 해 볼까? | 셜록 본즈의 덧셈 뺄셈 비법 대공개

도전, 은메달! … 10-17
탐정처럼 똑똑한 세로셈 | 어마어마한 분수 | 척척 돈 계산하기

도전, 금메달! … 18-25
놀라운 뛰어 세기 | 올라갔다 내려갔다 온도계 | 매력 뿜뿜 소수

도전, 다이아 메달! … 26-31
분모가 다른 분수 | 아리송한 미지수 | 신비로운 로마 숫자

덧셈 뺄셈 최후의 결전 … 32

연습장에 문제를 풀어 봐도 좋다냥!

도전, 동메달!
탐정이 되려면 덧셈은 기본

덧셈(+)을 할 줄 알면 사건을 수사할 때 아주 편리해.
덧셈은 수를 합할 때 사용한단다. 자, 한번 연습해 볼까?
나는 이번 주에 멍멍 간식을 3캔, 2캔, 10캔 먹었어.
내가 먹은 멍멍 간식은 모두 몇 캔일까? 3+2+10=15, 정답은 15캔!
아, 15캔밖에 못 먹었다니! 탐정은 정말 배고픈 직업이야.

정답이 궁금하다고?
주머니에서 탐정 돋보기를 꺼내
정답을 확인해 봐!

수학 추리 퀴즈 1

캣슨 박사가 수학 추리 모험을 모두 통과한 친구에게 탐정 배지를 선물할 거야.
캣슨 박사를 도와 탐정 배지가 모두 몇 개인지 세어 보자.

수학 추리 퀴즈 2

저런, 어젯밤에 음매 아주머니네 가게에 도둑이 들었대!
사라진 식료품의 가격이 **모두 얼마인지** 계산해 볼래?

도둑맞은 식료품은 총 ▨▨ 달러야. 달러($)는 미국의 화폐 단위야.

차근차근 계산하면 세 수를
덧셈하는 것도 어렵지 않아.
3+7+11=?
  └10┘
     └21┘

3+7을 먼저 계산한 다음,
그 값에 11을 또 더하면 끝!
정답은 21이야.

수학 추리 퀴즈 3

"홀수와 홀수의 합은 항상 짝수이다."

이건 **진실**일까? **거짓**일까?
탐정 돋보기로 정답을 확인해 봐.

총알 퀴즈

5 + 2 =   7 + 6 =   9 + 3 =

6 + 5 =   8 + 4 =   6 + 4 =

12 + 9 =   21 + 10 =   17 + 4 =

13 + 5 =   36 + 11 =   43 + 10 =

뺄셈도 해 볼까?

뺄셈(−)은 어떤 수에서 어떤 수를 덜어 낼 때 사용해.
캣슨 박사가 냥냥 간식 4캔을 샀는데, 그 가운데 3캔을 먹었어. 이제 냥냥 간식은 몇 캔 남았을까?

 −  =

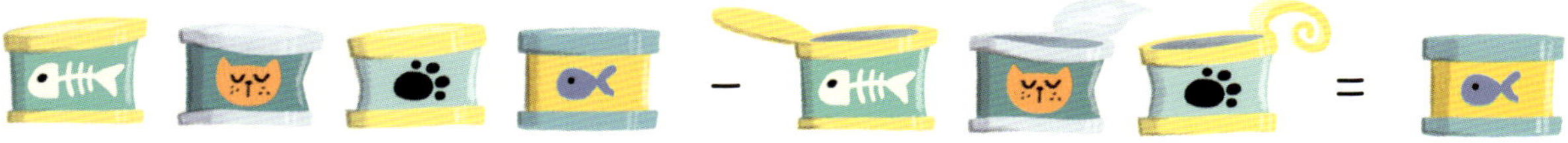

4 − 3 = 1 냥냥 간식은 1캔 남았어.

수학 추리 퀴즈 5

자, 이제 모리쥐티 교수와 생쥐 일당을 잡으러 떠나 볼까? 먼저 악당들이 자주 드나드는 지하 통로부터 조사할 거야. 아이코, 그런데 지하 통로로 내려가는 사다리 발판이 군데군데 사라졌지 뭐야. 우리를 위험에 빠뜨리려는 모리쥐티 교수의 계략이 틀림없어!

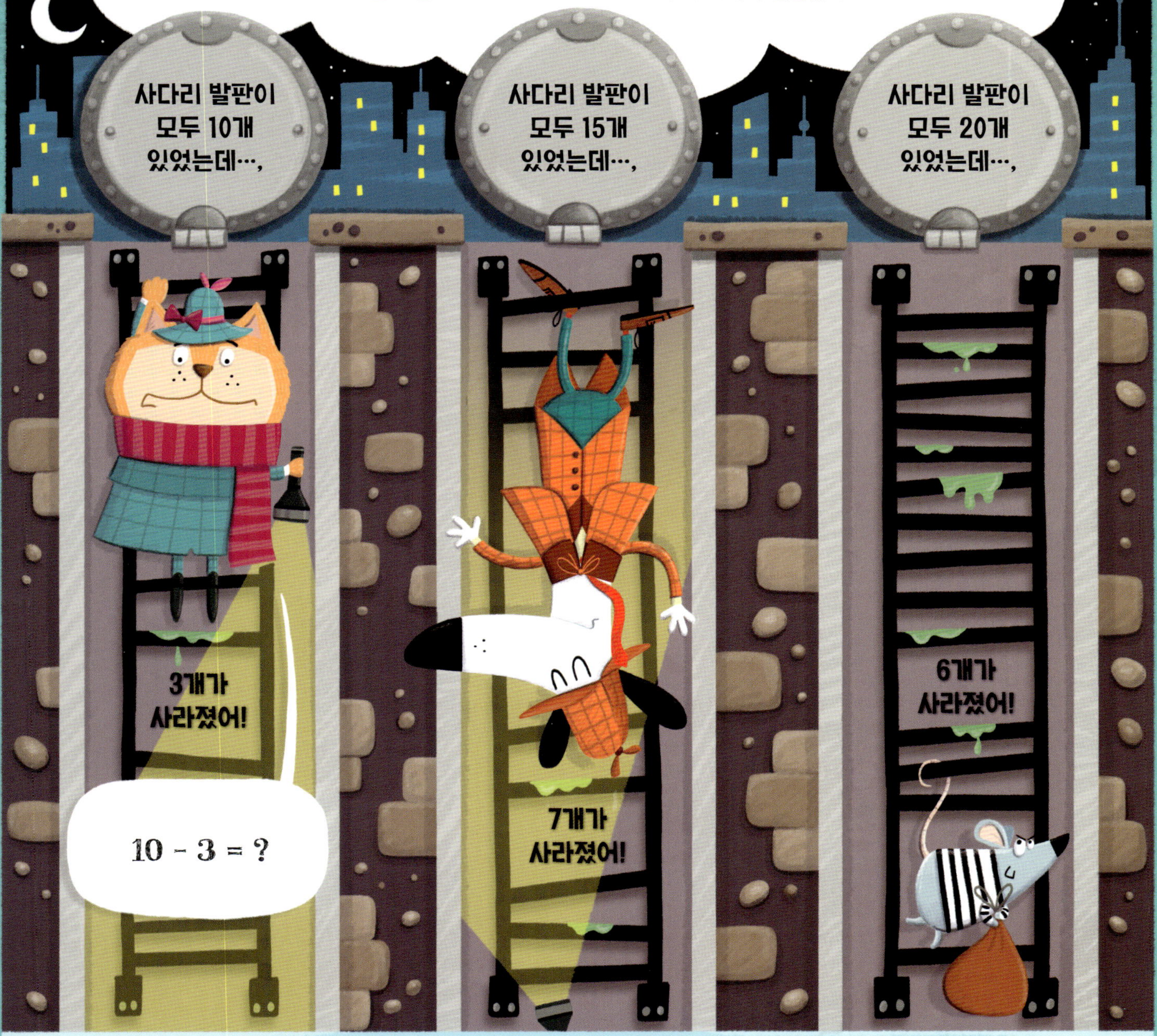

- 사다리 발판이 모두 10개 있었는데…,
- 사다리 발판이 모두 15개 있었는데…,
- 사다리 발판이 모두 20개 있었는데…,

3개가 사라졌어!

10 − 3 = ?

7개가 사라졌어!

6개가 사라졌어!

남은 발판은 모두 몇 개일까?
남은 발판은 모두 몇 개일까?
남은 발판은 모두 몇 개일까?

수학 추리 퀴즈 6

드디어 성공! 우리는 모리쥐티 교수의 수많은 비밀 기지 가운데 하나를 찾아냈어!
캣슨 박사가 몰래 지켜보는 동안 생쥐 50마리가 텅 빈 비밀 기지로 들어갔어. 그리고 다음 날 26마리가 빠져나왔지.
얼마 뒤 19마리가 또 나왔어. 이제 비밀 기지에 남은 생쥐는 모두 몇 마리일까?

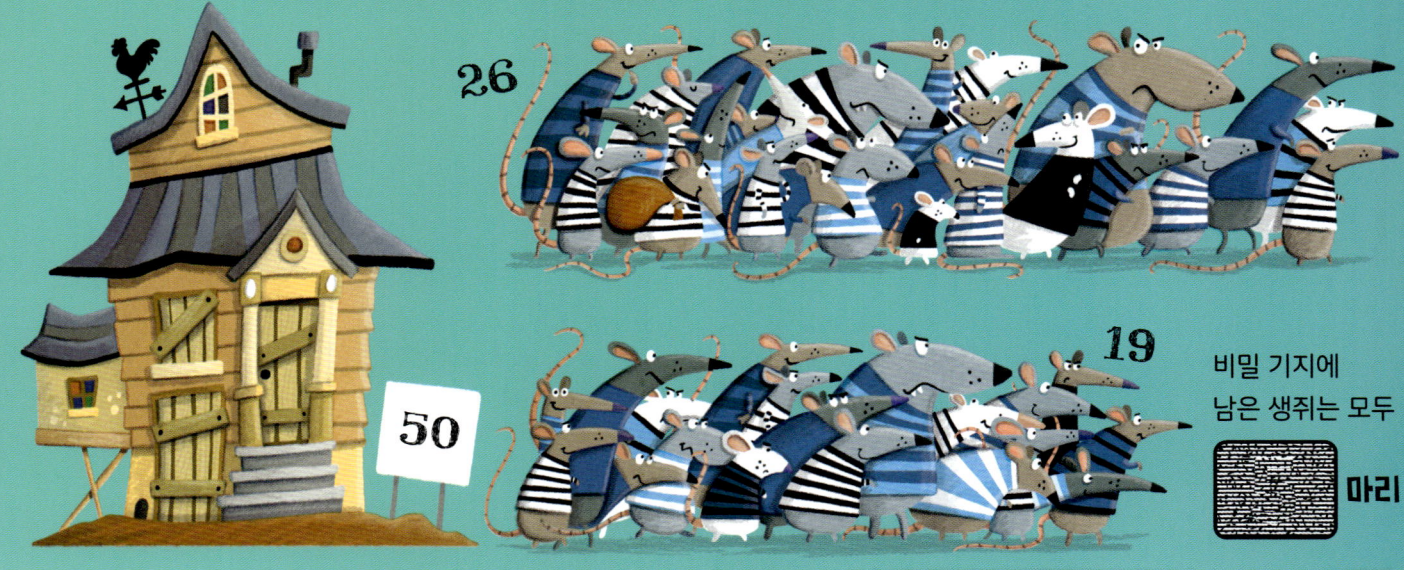

비밀 기지에 남은 생쥐는 모두 ☐ 마리

수학 추리 퀴즈 7

우리 동네에는 파블로 뻐끔이라는 유명한 미술관이 있어. 그런데 어젯밤에 정체를 알 수 없는 도둑이 미술관에 몰래 들어와 그림 40점 가운데 3점을 훔쳐 달아났어. 이제 미술관에 남은 그림은 모두 몇 점일까?

크크, 아직 훔쳐 갈 그림이 ☐ 점 더 남았군!

● 총알 퀴즈 ●

9 - 5 = ☐   12 - 7 = ☐   28 - 6 = ☐

17 - 7 = ☐   18 - 5 = ☐   58 - 9 = ☐

33 - 4 = ☐   46 - 8 = ☐   15 - 13 = ☐

51 - 10 = ☐   65 - 30 = ☐   83 - 21 = ☐

셜록 본즈의 덧셈 뺄셈 비법 대공개

흠흠, 내 비법이 궁금하다고?
그건 바로 숫자 밴드!
오른쪽 그림처럼
덧셈과 뺄셈의 관계를
그림으로 표현하는 거지.

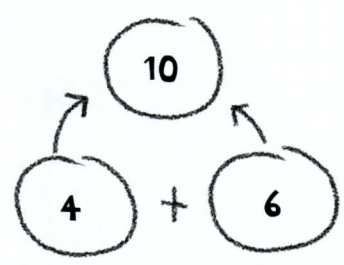

자, 숫자 밴드를 보고
아래의 식을 떠올려 볼래?

4 + 6 = 10
10 − 6 = 4
10 − 4 = 6

나, 셜록 본즈처럼 세계적인 수학 탐정이 되고 싶다면
이런 것쯤은 빛의 속도로 떠올릴 수 있어야 해.

수학 추리 퀴즈 8

캣슨 박사와 나는 사건을 수사할 때 숫자 밴드를 자주 사용해.
정확하게 재빨리 계산해야 할 때 아주 쓸모가 있거든. 숨겨진 숫자들을 찾아봐! 시작!

아래 예시를 참고해서 정답을 알아맞혀 봐!

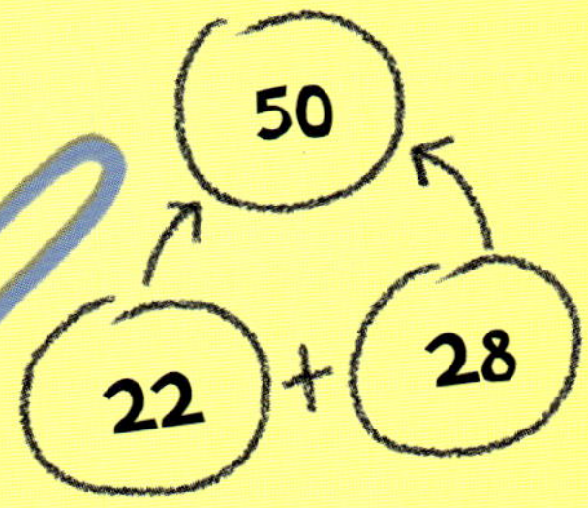

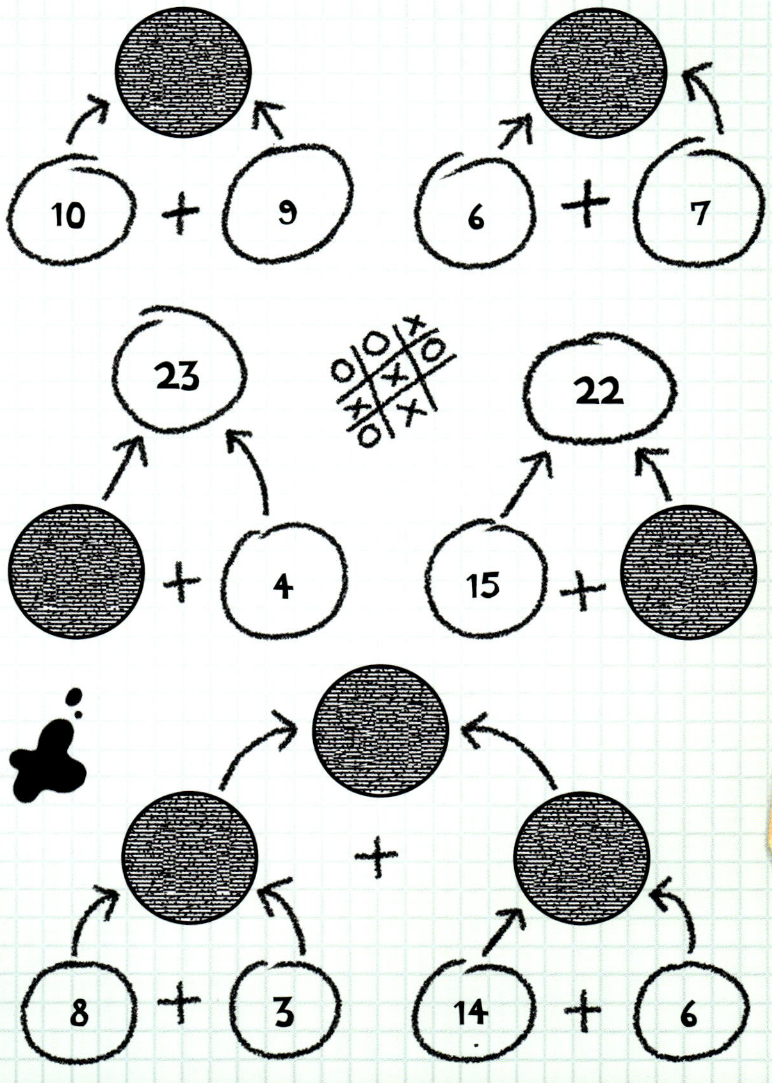

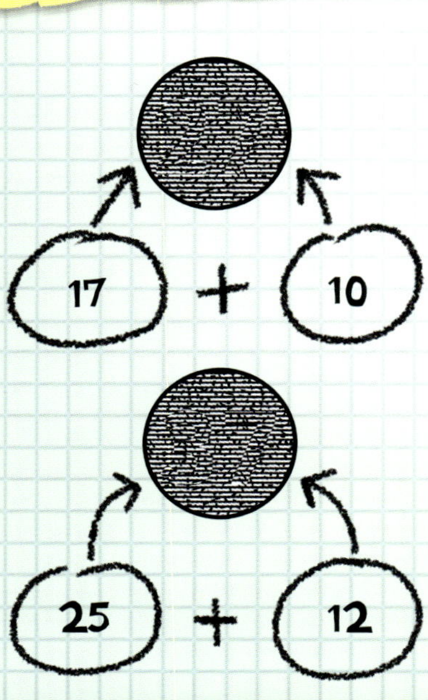

22 + 28 = 50

10 + 9 = ?
6 + 7 = ?
? + 4 = 23
15 + ? = 22
17 + 10 = ?
25 + 12 = ?
8 + 3 = ?
14 + 6 = ?

수학 추리 퀴즈 9

우리는 모리쥐티 교수의 또 다른 비밀 기지를 찾아냈어! 그런데 출입문의 보안이 철통같지 뭐야. 순서대로 계산해서 출입문의 보안 코드를 알아내 줄래?

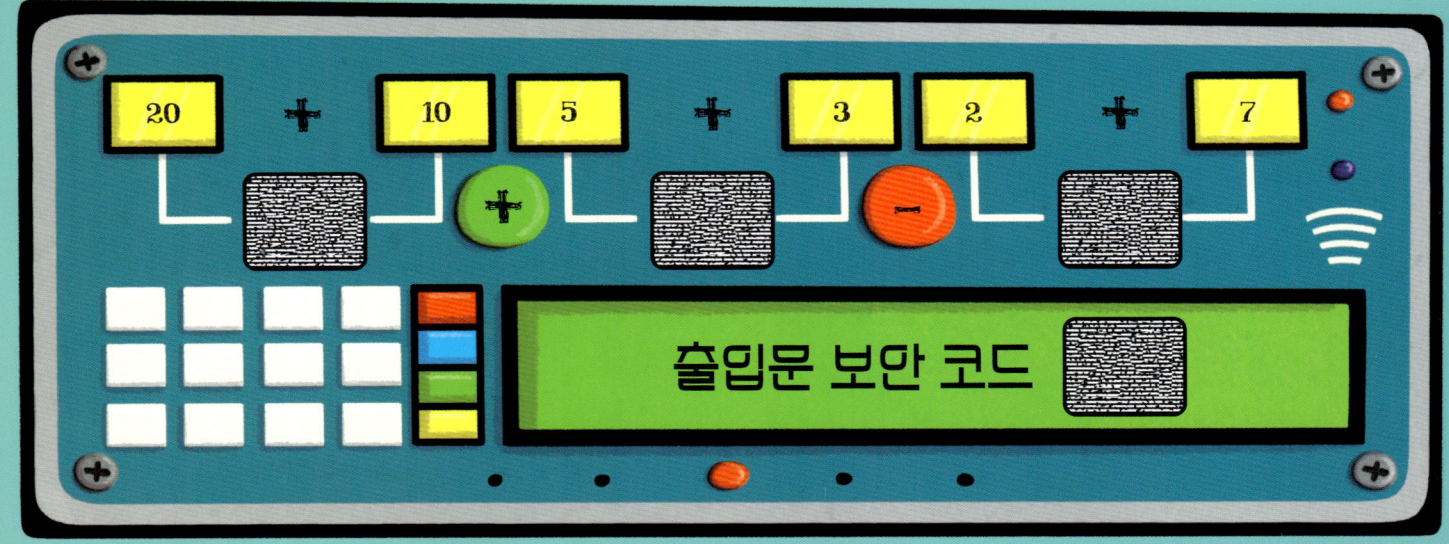

수학 추리 퀴즈 10

캣슨 박사가 모리쥐티 교수 일당이 드나드는 지하 통로의 비밀도 밝혀냈어. 실마리는 맨홀 뚜껑에 있었지. 양쪽 맨홀 뚜껑의 숫자를 더해 **100**이 되는 두 곳이 입구와 출구였던 거야. 예를 들어, **20**번 맨홀로 들어가면 **80**번 맨홀로 나올 수 있는 거지. 자, 그럼 함께 맨홀 뚜껑에 숨겨진 숫자를 추리해 볼까?

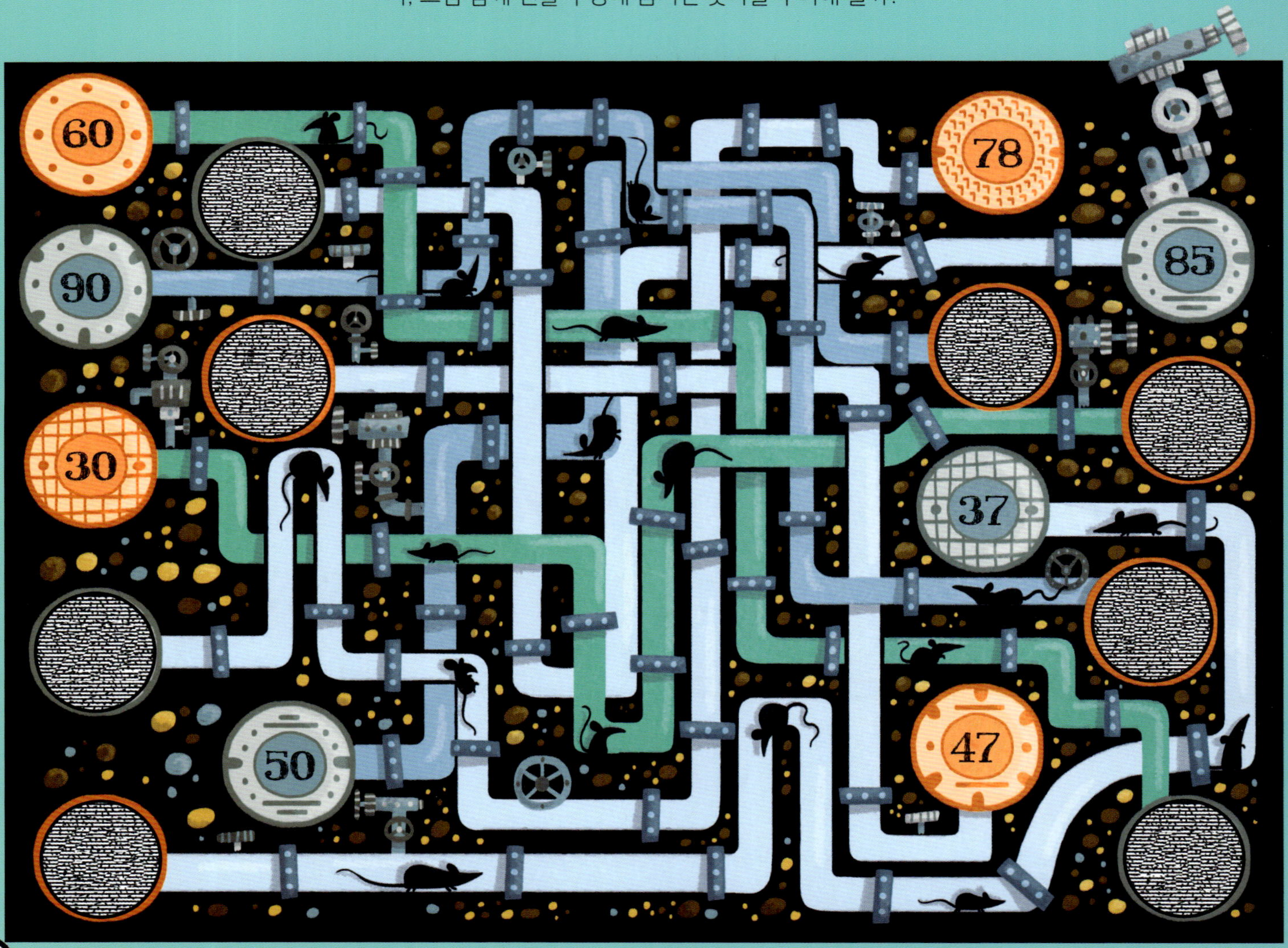

수학 추리 퀴즈 11

며칠 전, 우리 동네에서 지갑 도난 사건이 일어났어.
캣슨 박사와 나는 곧바로 사건 현장으로 출동했지만 결국 범인을 놓치고 말았지.
그런데 얼마 뒤, 어떤 생쥐가 경찰서에 나타나 사라진 지갑을 놓고 갔다지 뭐야!

잃어버린 지갑에는 **90**달러가 들어 있었어.
어떤 생쥐가 놓고 간 지갑에는 **18**달러가 들어 있었지.
그럼 지갑에 남은 돈과 도둑맞은 돈은 각각 얼마일까?

지갑에 남은 금액  달러   도둑맞은 금액  달러

모리쥐티 교수를 잡아라!
• 도전, 동메달! •

우리는 국립 박물관으로부터 도둑맞은 고대 다이아몬드를 찾아 달라는 수사 의뢰를 받았어.
범죄 현장에는 빈 다이아몬드 상자만 달랑 놓여 있었지. 매우 수상쩍은 벽돌 위에 말이야.
모리쥐티 교수가 증거를 숨기려고 벌인 계략이 틀림없어!
모리쥐티 교수가 범인이라는 증거를 찾으려면 벽돌 꼭대기에 올라가야만 해.
유리로 만든 다이아몬드 상자에는 분명 생쥐 발자국이 찍혀 있을 테니까.

이 문제를 통과하면 **동메달**을 딸 수 있어!

숫자 밴드를 활용해서 ?에 들어갈 수를 알아맞혀 봐!
힌트를 줄까? 맨 아래 줄에 있는 벽돌 8과 6의 수를 더하면, 그 사이 바로 위쪽에 있는 벽돌 14와 값이 같아.

8 + 6 = 14

초록색 벽돌 숫자

빨간색 벽돌 숫자

노란색 벽돌 숫자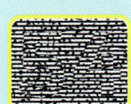

어때, 알겠냥?
노란색 벽돌의 숫자를 알려면
바로 아래에 있는 벽돌 두 개의
숫자를 알면 된다냥.

도전, 은메달!
탐정처럼 똑똑한 세로셈

덧셈과 뺄셈을 할 때 자꾸 정답이 틀린다고? 그렇다면 세로셈과 친해져 봐. 덧셈과 뺄셈을 쉽고 정확하게 할 수 있는 비법이거든.
세로셈은 **일의 자리**를 먼저 계산한 다음, **십의 자리**를 계산해야 한다는 걸 기억해!

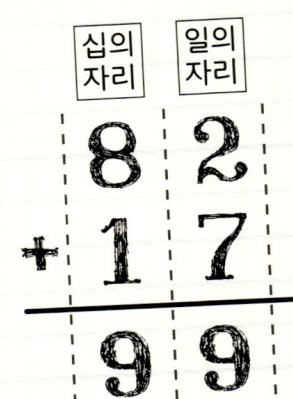

캣슨 박사가 속임수 잉크를 쏟아서 종이 위에 쓰여 있던 숫자들이 감쪽같이 사라졌어! 속임수 잉크는 어떤 글자든 보이지 않게 만드는 특별한 잉크야. 세로셈을 해서 사라진 숫자들을 추리해 볼래?

일의 자리 수끼리 더한 값이 10이거나 10보다 클 때는 십의 자리로 10을 올려야 해. 이걸 **받아올림**이라고 하지. 십의 자리 숫자 위에 1을 쓰면 계산할 때 편리하단다.

수학 추리 퀴즈 1

```
  3 ■        6 5        ¹5 7
+ 4 7      + 2 3      + 1 4
-----      -----      -----
  7 9        8 ■        7 ■
```
↳ 1+5+1=7

```
  ■ 6        5 2        7 1
+ 4 6      + ■ 8      + 2 6
-----      -----      -----
  9 2        7 0        ■ 7
```

수학 추리 퀴즈 1과 2를 연습장에 풀어 봐도 좋아!

수학 추리 퀴즈 2

```
  8 ▢         5 9
- 5 2       - 3 6
-----       -----
  3 6       ▢ 3
```

```
  4 2         6 5
- 2 3       - 4 ▢
-----       -----
▢ 9         1 8
```

일의 자리 수끼리 뺄 수 없을 때 십의 자리에서 10을 받아서 빼는 건 **받아내림**이라고 해. 아래 뺄셈을 해 볼까? 일의 자리를 보니 3에서 8을 뺄 수 없어. 바로 이럴 땐 십의 자리에서 10을 받아내림해서 계산하면 돼.

```
  1  10
  2̸ 3
- 1 8
-----
    ▢
```
↳ 13-8=5

수학 추리 퀴즈 1에서 사라진 숫자들을 모두 찾았어? 그럼 이 숫자들을 모두 더해 봐.

정답은? ▢

수학 추리 퀴즈 2에서 사라진 숫자들도 모두 찾았어? 그럼 이 숫자들을 모두 더해 봐.

정답은? ▢

은메달의 주인공이 되고 싶다고? 그렇다면 수학 추리 퀴즈 1에서 사라진 숫자들을 모두 더한 값에서 수학 추리 퀴즈 2에서 사라진 숫자들을 모두 더한 값을 빼 봐.

▢ − ▢

정답은? ▢

어마어마한 분수

우리는 피자를 똑같이 5조각으로 나누어, 나는 1조각($\frac{1}{5}$), 캣슨 박사는 2조각($\frac{2}{5}$)을 먹었어. $\frac{1}{5} + \frac{2}{5} = \frac{3}{5}$, 그러니까 우리는 피자를 $\frac{3}{5}$만큼 먹은 거야.

분모가 같은 분수를 더할 때는 분모는 그대로 두고, 분자끼리만 더하면 돼.

분수는 전체에 대한 부분을 나타내는 수야.

$\frac{3}{5}$ ← 분자
← 분모

수학 추리 퀴즈 3

캣슨 박사와 나는 생쥐 일당이 피자를 훔쳐 먹은 범죄 현장을 발견했어. 피자가 아직 따뜻한 걸 보니, 조금 전까지 생쥐 일당이 이곳에 있었던 게 분명해. 조금만 빨랐더라면 잡을 수 있었을 텐데! 자, 생쥐 일당이 남긴 피자를 각각 분수로 나타내 볼래?

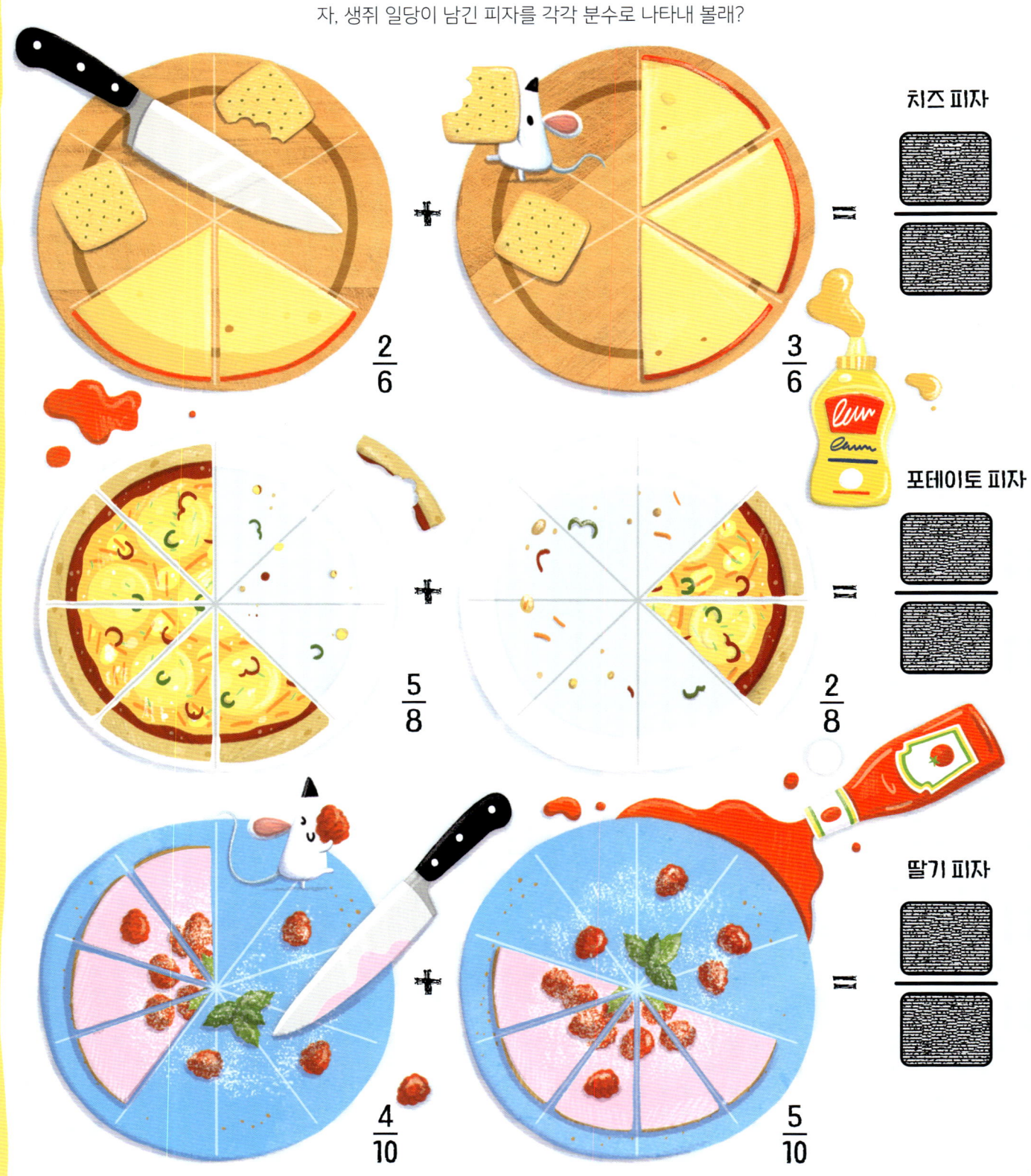

수학 추리 퀴즈 4

우리는 모리쥐티 교수와 생쥐 일당이 일하는 **찍찍 빌딩**을 하루 종일 감시했어.
생쥐 일당이 가장 바쁜 시간을 틈타 습격할 계획이거든. 불 켜진 창문이 많을수록 생쥐 일당은 바쁘겠지?
그런데 하루 종일 주변을 기웃댔지만 모리쥐티 교수가 보이지 않아. 그렇다면….
아하, 한 번도 불이 켜지지 않은 곳이 모리쥐티 교수의 사무실이겠군!

불이 켜진 창문이 전체 창문 가운데 몇 분의 몇인지 분수로 나타내면?

불이 켜진 창문이 전체 창문 가운데 몇 분의 몇인지 분수로 나타내면?

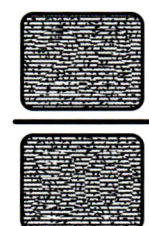

불이 켜진 창문이 전체 창문 가운데 몇 분의 몇인지 분수로 나타내면?

분모와 분자를 같은 수로 나누면 분수를 더욱 간단하게 나타낼 수 있어. 이걸 약분이라고 해.

$$\frac{9}{30} \xrightarrow{\text{약분}} \frac{9 \div 3}{30 \div 3} = \frac{3}{10}$$

생쥐 일당이 가장 바쁜 시간은?  :

모리쥐티 교수의 사무실은  층, 왼쪽에서  번째 창문이야.

척척 돈 계산하기

오늘 쇼핑몰에서 새 옷을 샀어. 내가 입고 다니는 탐정 옷이 구닥다리 같다고 캣슨 박사가 핀잔을 놓았거든. 달러로 망토와 모자를 샀는데 모두 얼마일까?

수학 추리 퀴즈 5

1달러($)는 100센트(¢)와 같고, 달러와 센트 사이에는 소수점(.)을 넣어서 표현해. 7.25달러(725센트)처럼 말이야. 소수점 자리를 맞추어 세로셈을 하면 편해.

망토 7.25달러

모자 14.55달러

오늘 산 망토와 모자값: . 달러

수학 추리 퀴즈 6

더 완벽한 사건 수사를 위해 탐정 도구도 새로 샀어. 탐정 돋보기와 노트를 사면 모두 얼마일까?

탐정 돋보기 8.20달러

노트 6.99달러

오늘 산 탐정 도구값

수학 추리 퀴즈 7

오늘 쇼핑하는 데 쓴 돈을 합하면 모두 얼마일까?

. 달러

수학 추리 퀴즈 8

캣슨 박사가 쇼핑을 하라고 50달러를 줬어. 쇼핑하고 남은 돈은 얼마일까?

. 달러

수학 추리 퀴즈 9

즐겁게 쇼핑을 마치고 차를 한잔 마시려는데, 음매 아주머니한테 전화가 왔어.
어떤 손님이 음매 아주머니네 가게에서 이상한 물건들을 잔뜩 사 갔는데, 아무래도 모리쥐티 교수의
부하인 것 같다는 거야. 이 수상한 손님이 사 간 물건은 모두 얼마일까?

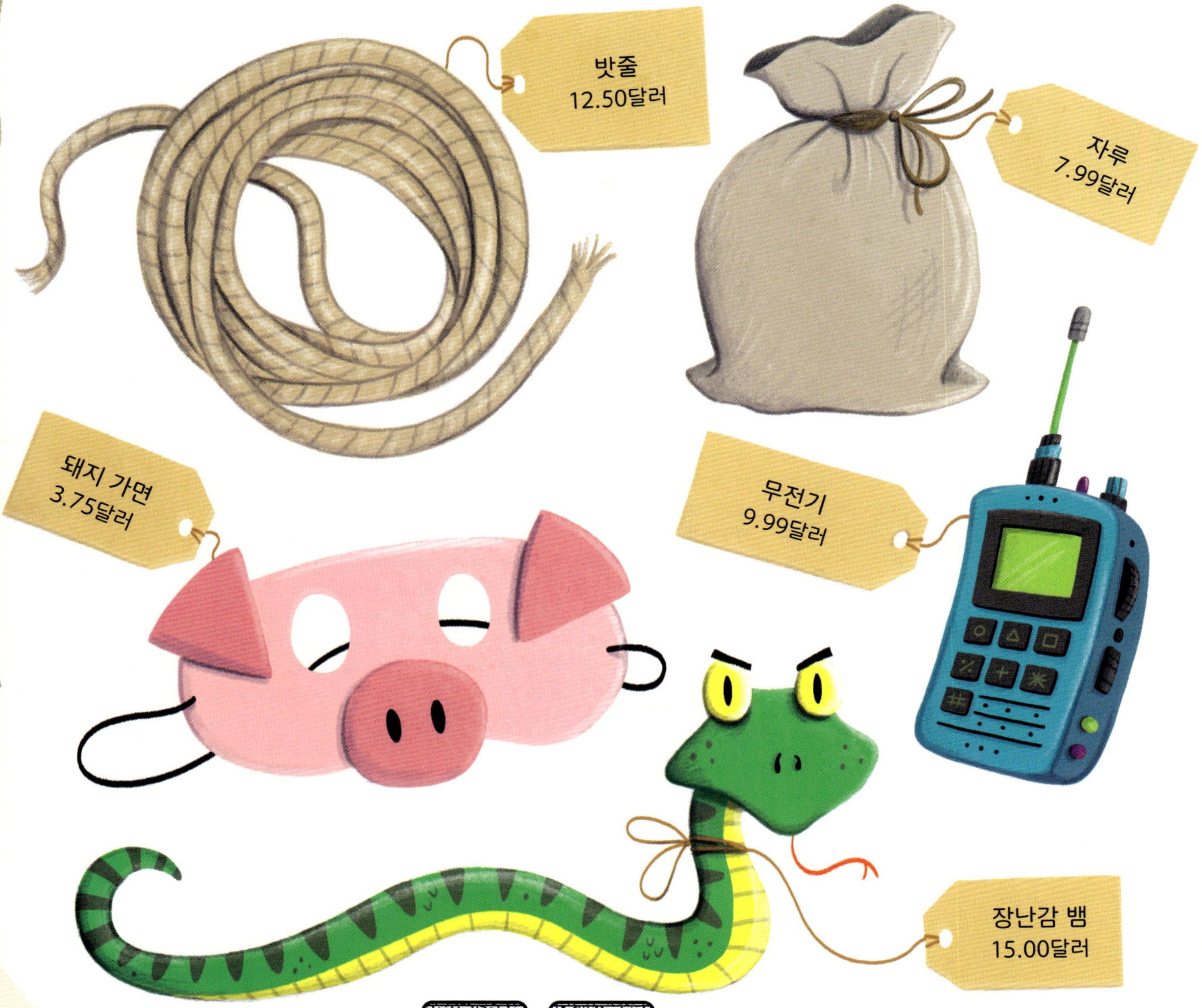

- 밧줄 12.50달러
- 자루 7.99달러
- 돼지 가면 3.75달러
- 무전기 9.99달러
- 장난감 뱀 15.00달러

수상한 손님이 사 간 물건은 총 ☐☐.☐☐ 달러야.

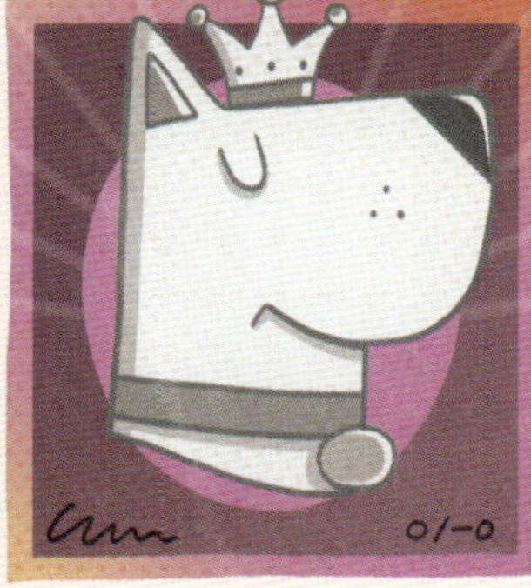

수학 추리 퀴즈 10

수상한 손님은 물건값으로 50달러를 냈어.
음매 아주머니는 거스름돈으로 얼마를 주었을까?

☐☐.☐☐ 달러

50달러

돈 계산이 어렵다고?
그럼 이렇게 해 봐.

수학 추리 퀴즈 6을 예로 들어 볼까?
먼저 노트값 6.99달러를 7달러로
반올림한 뒤 탐정 돋보기값
8.20달러와 더하는 거야.
그다음 총액에서 0.01달러를 빼면 돼.
어때, 간단하지?

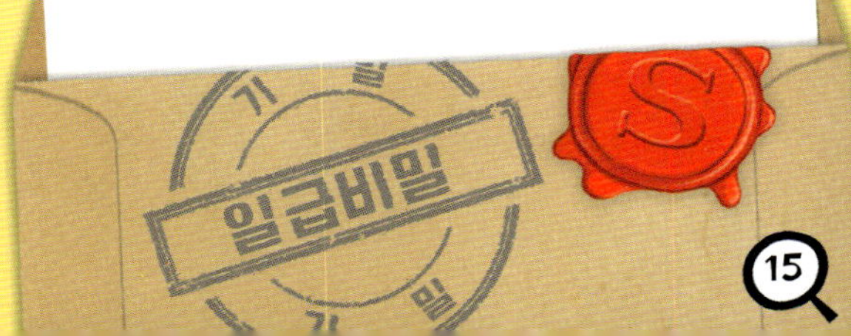

• 총알 퀴즈 •

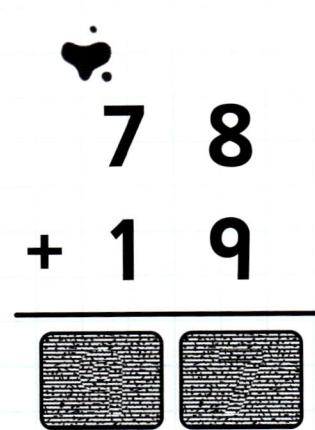

9.99달러 − 1.23달러 =  달러

$\frac{1}{10} + \frac{3}{10} + \frac{1}{10} =$

$\frac{2}{7} + \frac{3}{7} + \frac{1}{7} =$

모리쥐티 교수를 잡아라!
• 도전, 은메달! •

우리가 예상했던 대로 다이아몬드 상자에는 생쥐 발자국이 잔뜩 찍혀 있었어.
우리는 이 사실을 경찰서에 보고하려고 서둘러 박물관에서 나왔지.
그런데 어떤 생쥐가 우리를 발견하고는 몹시 허둥대더니 좁은 골목으로 도망치듯 달려가지 뭐야.
우리는 재빨리 그 생쥐를 쫓았지만 놓치고 말았어.
하지만 성과가 아예 없었던 건 아니야. 생쥐가 떨어뜨린 편지를 발견했거든.
그 편지엔 모리쥐티 교수의 사인도 있었어!

자, 그럼 지금부터 생쥐가 떨어뜨린 편지를 보고, 모리쥐티 교수의 집 주소와 대문 비밀번호를 함께 추리해 볼까?

친애하는 모리쥐티 교수님께

지난번, 저희 집에 방문해 주셔서 감사합니다.
문에 적힌 찍-찌-지-직 암호를 보고 교수님이 오셨다는 걸 눈치챘지요.
교수님 댁 주소와 대문 비밀번호를 알려 주시겠어요?

당신의 충실한 찍찍이 드림

찍찍이 군,

늘 그랬듯이 만나서 반가웠네.
훌륭한 요리도 대접해 줘서 고마웠네. 아주 맛있더군.
이제 자네의 질문에 대한 답을 주지. 아주 간단하다네.
집 주소는 생쥐대로 $48 + \frac{1}{2} + \frac{1}{2} + 3 - 17$ 길이고,
대문 비밀번호는 $72 + 2 + \frac{3}{4} + 6 + 4 - \frac{3}{4} - 8$ 이라네.
그럼 행운을 비네.

모리쥐티 교수

집 주소는 생쥐대로  길이야.

대문 비밀번호는  이야.

우리는 모리쥐티 교수의 집 주소와 대문 비밀번호를 알아낸 뒤, 바로 생쥐대로로 향했어.
강가를 따라 한참 뛰어가고 있는데, 강 건너에서 찍찍 생쥐 소리가 들려왔어. 바로 찍찍이였지!
마침 그때 캣슨 박사가 강을 가로지르는 징검다리를 발견했어.
우리가 강을 무사히 건널 수 있도록 도와줄래? 이 문제를 통과하면 **은메달**을 딸 수 있어!

도전, 금메달!
놀라운 뛰어 세기

5, 10, 15, 20, 25, 30, 35, 40, 45…,
45 다음에 어떤 수가 올지 눈치챘어?
그래, 이 수들은 오른쪽으로 갈수록 5씩 커지는 규칙이 있어.
그러니까 다음에 올 수는 45보다 5가 큰 50이지. 이렇게 수가
일정하게 커지거나 작아지도록 건너 세는 걸 **뛰어 세기**라고 해.

수학 추리 퀴즈 1

요즘 마을마다 빈집을 터는 사건이 자주 일어나고 있어.
놀랍게도 사건이 일어난 집들의 번지수에는 일정한 규칙이 있었지.
어때, 빈집 털이범이 다음에는 어느 집으로 갈지 예상할 수 있겠어?
그림을 보고 숨겨진 번지수를 알아맞혀 봐.

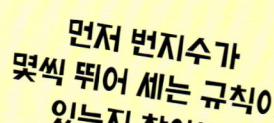

먼저 번지수가 몇씩 뛰어 세는 규칙이 있는지 찾아봐!

강아지 마을
7, 9, 11, ☐, 15

개미핥기 마을
25, 50, ☐, 100, 125

다람쥐 마을
63, 60, 57, 54, ☐

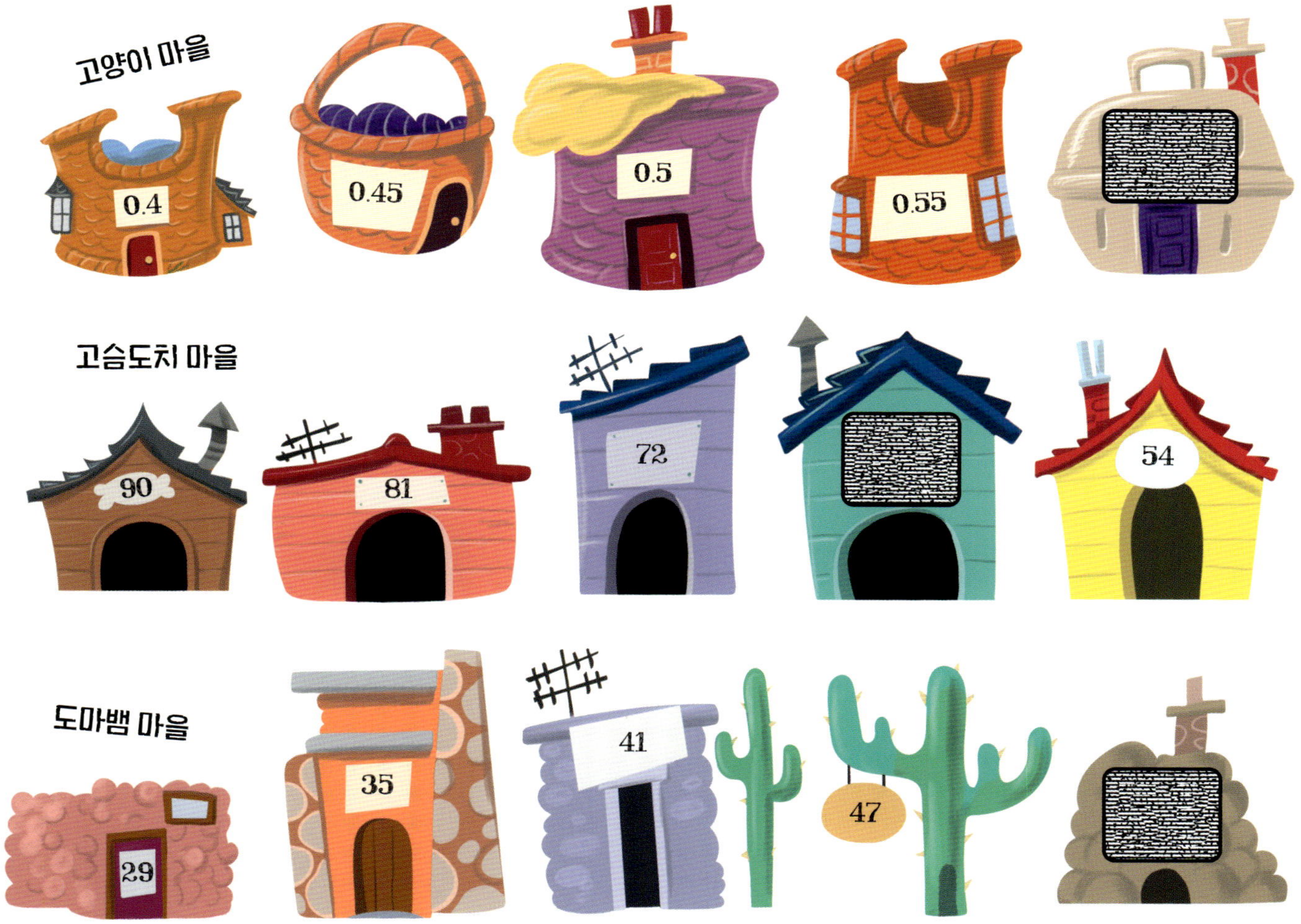

고양이 마을

0.4, 0.45, 0.5, 0.55, ☐

고슴도치 마을

90, 81, 72, ☐, 54

도마뱀 마을

29, 35, 41, 47, ☐

수학 추리 퀴즈 2

모리쥐티 교수는 치즈를 먹을 때 매우 까다롭대. 치즈를 꼭 정삼각형 모양으로 배열해서 특별한 뛰어 세기를 만든 뒤에야 먹는다는 거야.

1단계 치즈 1조각

2단계 치즈 3조각

3단계 치즈 6조각

1, 3, 6…, 이렇게 정삼각형 모양을 이루는 점의 개수를 **삼각수**라고 해.
모리쥐티 교수는 각각의 단계마다 치즈를 몇 조각 놓을까?

4단계 치즈 ☐ 조각

5단계 치즈 ☐ 조각

6단계 치즈 ☐ 조각

올라갔다 내려갔다 온도계

수학 추리 퀴즈 3

캣슨 박사는 증거를 수집한 상자에서 낡은 온도계를 발견했어.
그런데 온도계 숫자 몇 개가 지워져 있더군. 어떤 숫자가 지워졌는지 추리해 볼래?

자, 온도계가 잘 보이냥? 온도계는 위쪽으로 갈수록 온도가 높고 아래쪽으로 갈수록 온도가 낮아. 온도가 0°C보다 낮으면 숫자 앞에 '-' 부호를 붙이지. 그래서 빨간 액체가 0°C를 지나 100°C로 올라가면 더워지고, 0°C 아래로 내려가면 추워진다용.

수학 추리 퀴즈 4

어젯밤, 누군가 음매 아주머니네 가게에 몰래 들어와 가게의 전원 스위치를 모두 내렸어!
대체 누가 이런 일을 저질렀을까? 대충 짐작은 가지만 말이야.
그보다 먼저 식품이 상하기 전에 온도부터 다시 설정해야겠어. 온도 계산을 도와줄래?

냉장고 온도   11°C - 8°C =   °C

냉동고 온도   -24°C + 6°C =   °C

가게 실내 온도   31°C - 9°C =   °C

오븐 온도   135°C + 45°C =   °C

수학 추리 퀴즈 5

우리는 세계 곳곳에 퍼져 있는 모리쥐티 교수의 비밀 기지를 찾아내기 위해
후덜덜 코뿔소 국제경찰과 적극적으로 협력해서 수사하기로 했어.
나라마다 기온이 제각각이어서 전 세계를 돌아다니려면
얇은 옷부터 두꺼운 옷까지 모두 챙겨서 떠나야 해.

개구쟁이 산 -2°C
부글부글 화산 31°C
악마 사막 51°C
얼음 동굴 -18°C

개구쟁이 산과 부글부글 화산은 온도가 얼마나 차이 날까?

 °C

개구쟁이 산과 얼음 동굴은 온도가 얼마나 차이 날까?

 °C

모리쥐티 교수의 비밀 기지 온도는 11°C야. 얼음 동굴은 비밀 기지보다 온도가 몇 도 낮을까?

 °C

개구쟁이 산과 악마 사막은 온도가 얼마나 차이 날까?

 °C

악마 사막과 얼음 동굴은 온도가 얼마나 차이 날까?

 °C

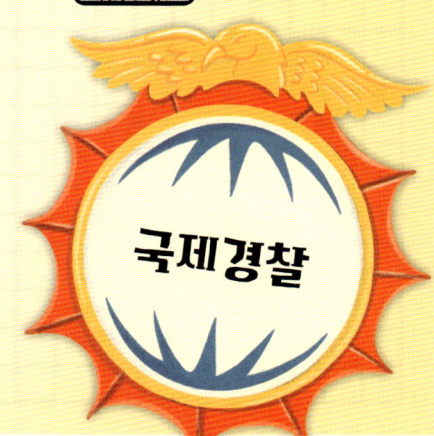

국제경찰

매력 뿜뿜 소수

분수 $\frac{1}{10}, \frac{2}{10}, \frac{3}{10}$ 은
0.1, 0.2, 0.3이라 쓰고
영 점 일, 영 점 이, 영 점 삼이라고 읽어.
0.1, 0.2, 0.3 같은 수를 **소수**라고 하지.
그럼 아래에 있는 소수 가운데 어느 것이 가장 클까?

0.2   2.0   0.02   0.05

아래처럼 자리 수에 맞춰 적으면
소수 크기를 비교하기 쉬워!

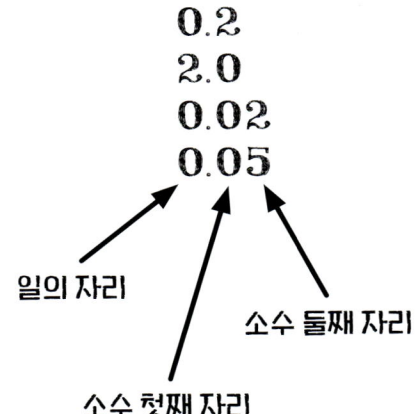

자, 먼저 **일의 자리 수**를 비교해 봐.
2.0을 빼고 모두 일의 자리 수가 0이야.
그러니까 넷 가운데 소수 **2.0이 가장 커**.

그다음 **소수 첫째 자리 수**를 비교해 볼까?
0.2를 빼고, 0.02와 0.05는 소수 첫째 자리 수가 0이야.
그러니까 소수 **0.2가 두 번째로 큰 수**지.

이렇게 소수의 크기를 비교할 때는
일의 자리 → 소수 첫째 자리 → 소수 둘째 자리
→ 소수 셋째 자리⋯ 순으로 비교하면 돼.

수학 추리 퀴즈 6

아이코! 캣슨 박사가 모리쥐티 교수의 사건 파일을 들고 오다가 계단에서 발을 헛디뎠어.
다행히 운동 신경이 뛰어나 다치진 않았지만(캣슨 박사는 고양이라 유연하거든!)
사건 파일이 마구 뒤섞이고 말았어. 사건 파일을 색깔별로 분류한 뒤,
큰 수에서 작은 수의 순서로 배열해 줄래?

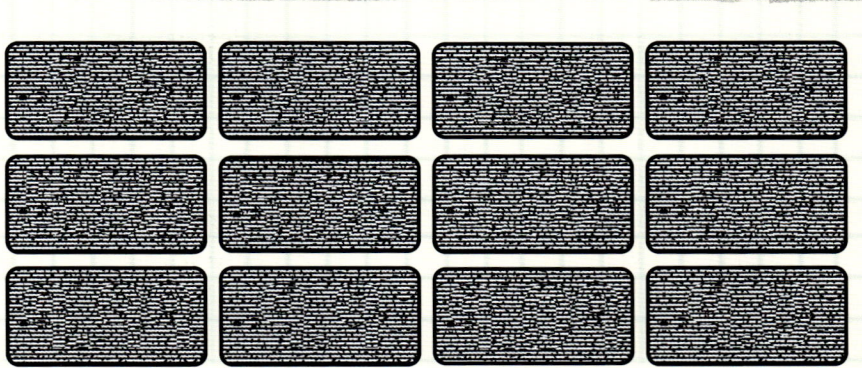

파란색 사건 파일

노란색 사건 파일

초록색 사건 파일

수학 추리 퀴즈 7

꼬르륵꼬르륵! 열심히 일했더니 배가 너무 고파서 캣슨 박사가 먹을 걸 사러 음식점으로 갔어.
캣슨 박사에겐 돈이 5달러밖에 없는데 어떤 음식을 살 수 있을까?

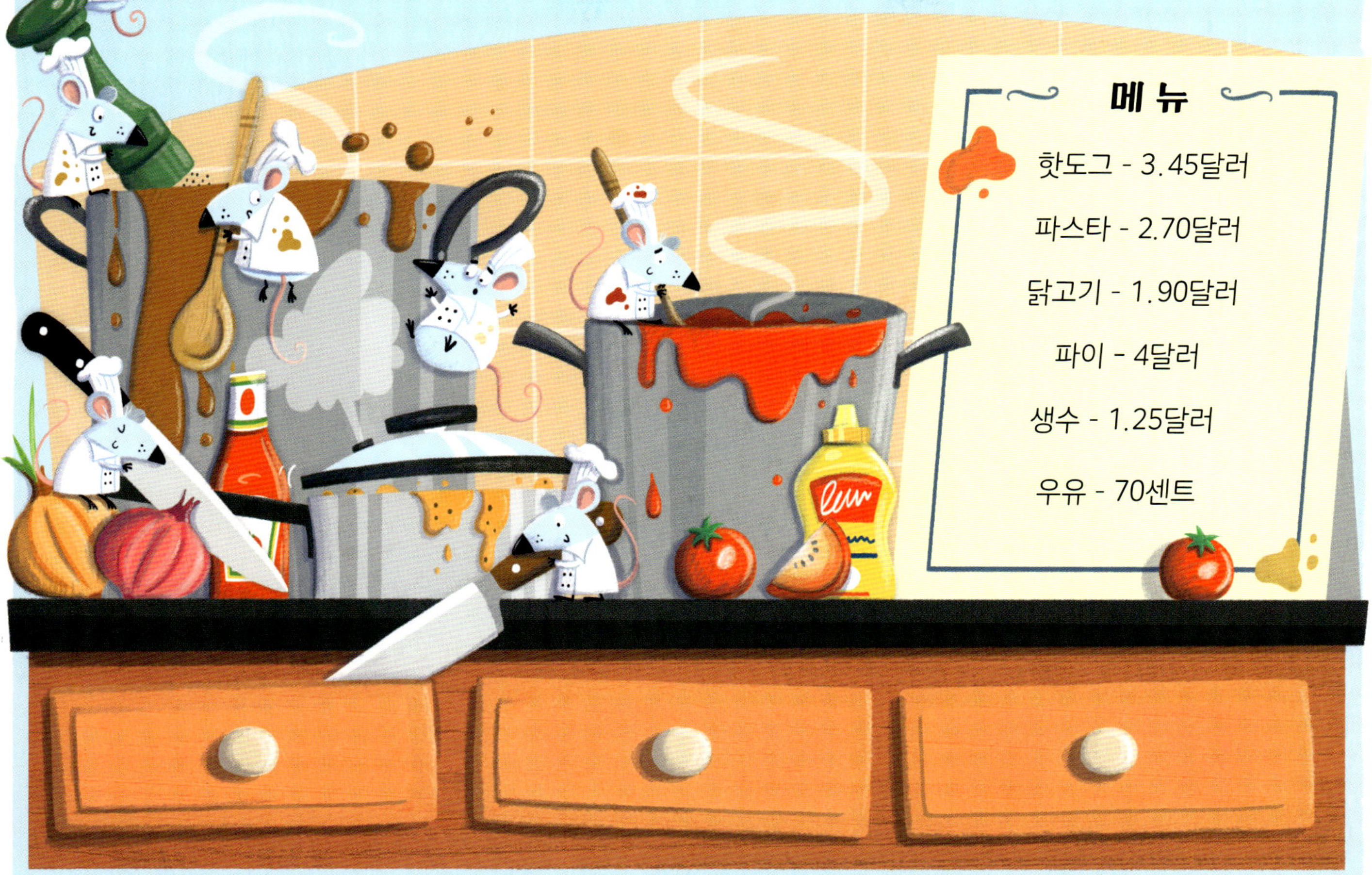

메 뉴

핫도그 - 3.45달러

파스타 - 2.70달러

닭고기 - 1.90달러

파이 - 4달러

생수 - 1.25달러

우유 - 70센트

선택 1
핫도그와 생수

선택 2
닭고기와 파이

선택 3
파스타와 우유

총 금액 ☐ 달러

총 금액 ☐ 달러

총 금액 ☐ 달러

캣슨 박사는 이 음식을 살 수 있을까?

캣슨 박사는 이 음식을 살 수 있을까?

캣슨 박사는 이 음식을 살 수 있을까?

• 총알 퀴즈 •

21°C − 24°C = ☐ °C   2°C + 4°C = ☐ °C

8.20 + 1.40 − 9.60 = ☐   44°C − 35°C = ☐ °C

5.99 − 1.80 − 1.19 = ☐

화살표를 따라가며 각각의 정답을 다시 살펴봐.
숨겨진 정답들은 몇씩 뛰어 세는 규칙이 있을까?
그럼 아래에 올 숫자는?

☐

모리쥐티 교수를 잡아라!
• 도전, 금메달! •

캣슨 박사와 나는 징검다리를 건너 드디어 생쥐대로에 도착했어.
그리고 생쥐 발자국이 찍혀 있는 대문을 발견했지.
고대 다이아몬드 상자에서 보았던 생쥐 발자국과 똑같지 뭐야!
그렇다면 여기가 **모리쥐티 교수의 불가사의한 저택**인 걸까?
우리가 두근대는 마음으로 비밀번호를 누르는 순간,
거대한 문이 철컥하고 열렸어. 우리는 들킬세라 후다닥 안으로 들어갔지.

온통 책장으로 둘러싸인 거대한 홀 한쪽 책상 위에 편지 한 통이 놓여 있었어!

찍찍이 군,

박물관에서 훔친 고대 다이아몬드를 지하 벙커로 가져다 주겠나?
만약의 경우를 대비해 자네처럼 총명한 부하만이 풀 수 있는 문제로
지하 벙커의 위치를 알려 주겠네! 이제부터 나의 지시를 잘 따르게!

어떤 생쥐가 24달러를 가지고 있었는데 18.10달러짜리 치즈 피자를 샀다네.
그리고 60센트짜리 치즈 사탕도 샀지. (이쯤되면 연습장과 연필이 필요할걸세.)
자, 이제 얼마가 남았는지 계산해 보게.

계산이 끝났으면 책장으로 가서
정답이 적힌 책을 찾아 꺼내게.

도전, 다이아 메달!
분모가 다른 분수

분모가 같은 분수끼리의 덧셈과 뺄셈은 앞에서 공부했어.
그럼 아래처럼 분모가 다른 분수끼리의 덧셈과 뺄셈은 어떻게 할까?

$$\frac{2}{5} + \frac{3}{10}$$

두 분수의 분모를 같게 하면 돼! 이걸 **통분**이라고 하지.
통분을 한번 연습해 볼까?
분수는 분모와 분자에 같은 수를 곱해도 크기가 같아.

$$\frac{2}{5} = \frac{2 \times 2}{5 \times 2} = \frac{4}{10}$$

좋아! 이제 두 분수의 분모가 같아졌군. 마저 계산해 보자!

$$\frac{2}{5} + \frac{3}{10} = \frac{4}{10} + \frac{3}{10} = \frac{7}{10}$$

수학 추리 퀴즈 1

다음 문제들을 풀어 볼래? 핵심은 통분이란 걸 잊지 마!

$$\frac{2}{3} + \frac{1}{6} = \frac{4}{6} + \frac{1}{6} = \frac{\Box}{\Box}$$

분수를 항상 약분해야 하는 건 아니야.

$$\frac{12}{20} - \frac{2}{10} = \frac{\Box}{\Box}$$ 정답을 약분하면? $\frac{\Box}{\Box}$

$$\frac{1}{4} + \frac{7}{12} = \frac{\Box}{\Box}$$ 정답을 약분하면? $\frac{\Box}{\Box}$

$$\frac{20}{30} - \frac{2}{5} = \frac{\Box}{\Box}$$ 정답을 약분하면? $\frac{\Box}{\Box}$

수학 추리 퀴즈 2

오늘은 음매 아주머니네 가게에서 파티가 열리는 날이야! 메인 음식은 생선구이와 닭 요리, 후식은 파이라고 하더군. 음매 아주머니는 음식 재료를 각각 얼마큼씩 준비해야 할까? 파티에 초대받은 손님들의 식사량을 보고 계산해 볼래? 음, 벌써 군침이 도는군!

헷갈린다면 연습장에 풀어 봐!

생선구이 $\frac{1}{2}$ 마리
닭 요리 $\frac{1}{2}$ 마리
파이 $\frac{1}{4}$ 개

생선구이 $\frac{1}{2}$ 마리
닭 요리 $\frac{1}{8}$ 마리
파이 $\frac{1}{8}$ 개

생선구이 5마리
닭 요리 $\frac{1}{4}$ 마리
파이 $\frac{1}{8}$ 개

생선구이 $\frac{1}{4}$ 마리
닭 요리 $\frac{1}{2}$ 마리
파이 $\frac{3}{8}$ 개

생선구이 $\frac{3}{4}$ 마리
닭 요리 $\frac{5}{8}$ 마리
파이 $\frac{1}{8}$ 개

생선구이 4마리
닭 요리 1마리
파이 1개

음매 아주머니는 생선을 몇 마리 준비해야 할까?

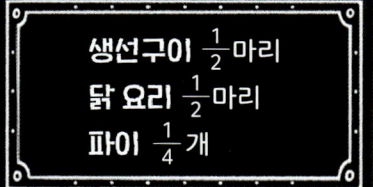

음매 아주머니는 닭을 몇 마리 준비해야 할까?

음매 아주머니는 파이를 몇 개 준비해야 할까?

 마리

 마리

 개

아리송한 미지수

미지수는 값을 모르는 어떤 수를 문자로 나타낸 거야.
예를 들어 볼까?

$8 + m = 23$

어디, m의 값을 구해 볼까냥?
23에서 8을 빼면 구할 수 있을 거야.
7쪽 숫자 밴드를 활용해 계산해 보자옹.

수학 추리 퀴즈 3

내 방을 위에서 내려다본 도면이야.
캣슨 박사가 내 방에 있는 책상의 길이를 재다가 어디론가 가 버렸어.
책상의 총 둘레가 **7m**일 때, **X**의 값은 얼마일까?

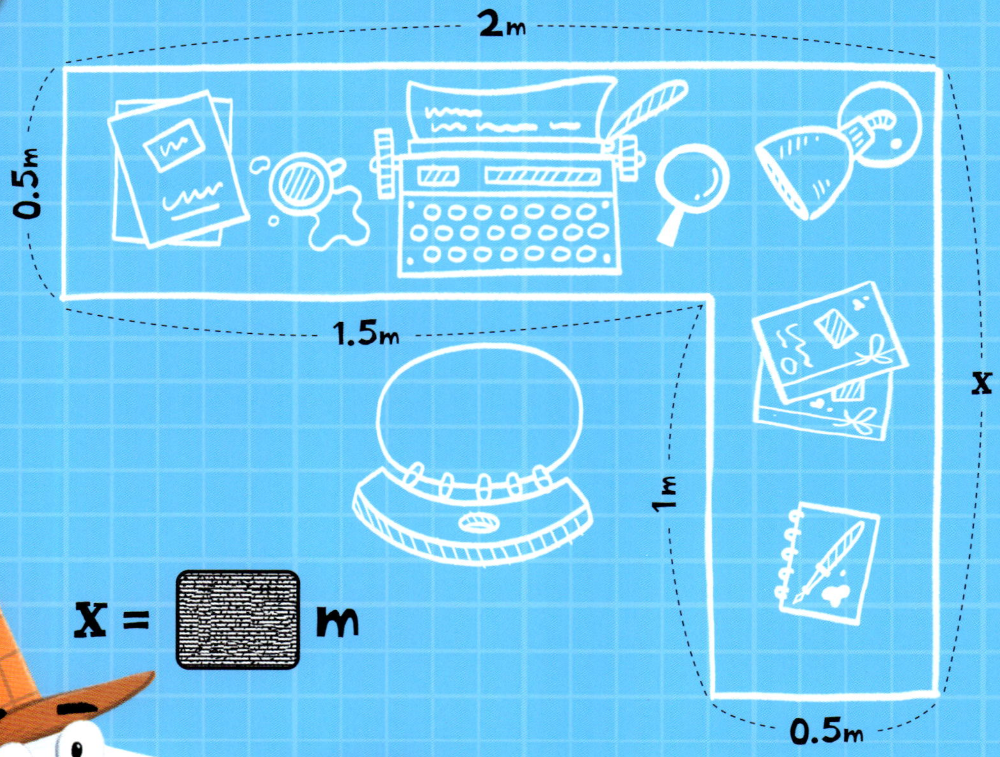

2m
0.5m
1.5m
1m
0.5m
X

X = ▢ m

미지수 문제를 풀 때는 덧셈과 뺄셈을 편하게 활용할 수 있어야 해. 예를 들어, $14 + K = 20$의 수식은 덧셈이지만, 뺄셈을 활용하면 $20 - 14 = K$이므로 $K = 6$이야.

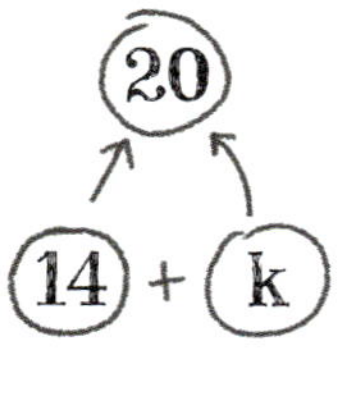

수학 추리 퀴즈 4

이제 모리쥐티 교수를 체포하는 것도 시간문제야. 캣슨 박사가 모리쥐티 교수의 비밀 기지 도면을 구해 왔거든. 그런데 오래된 도면이어서 군데군데 치수가 사라졌더군. 자, 우리와 함께 미지수의 값을 계산해 볼래?

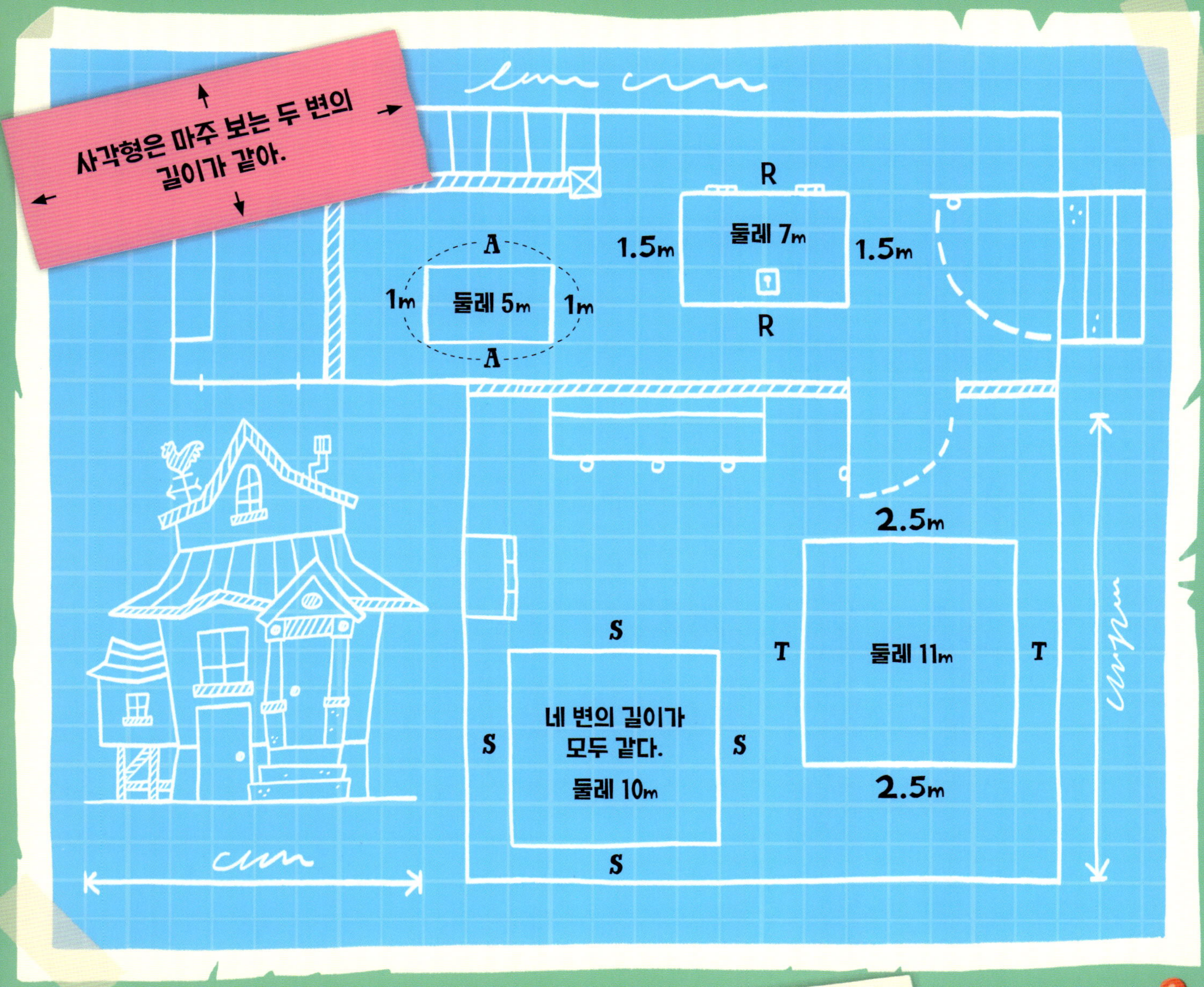

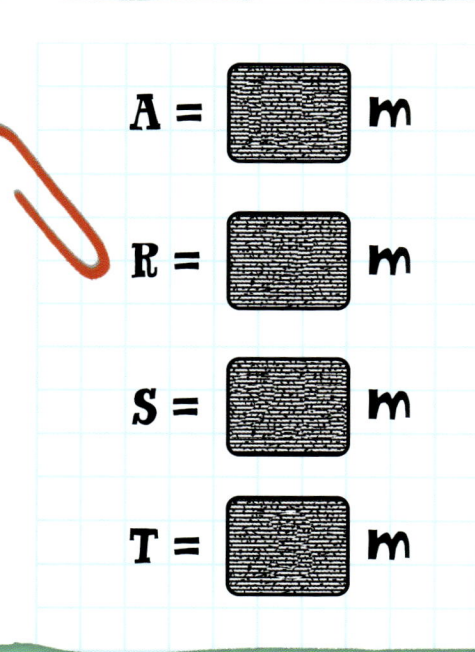

A = ☐ m

R = ☐ m

S = ☐ m

T = ☐ m

신비로운 로마 숫자

로마 숫자는 고대 로마에서 만들어졌어. 요즘엔 시계나 책에서 종종 볼 수 있지.
캣슨 박사와 나는 로마 숫자를 좋아해. 비밀스러운 숫자를 추리할 때 쓸모가 있거든.

| I = 1 |
| II = 2 |
| III = 3 |
| IV = 4 |
| V = 5 |
| VI = 6 |
| VII = 7 |
| VIII = 8 |
| IX = 9 |
| X = 10 |
| XI = 11 |
| XII = 12 |
| XIII = 13 |
| XIV = 14 |
| XV = 15 |
| XVI = 16 |
| XVII = 17 |
| XVIII = 18 |
| XIX = 19 |
| XX = 20 |
| XXI = 21 |
| XXX = 30 |
| XL = 40 |
| L = 50 |
| C = 100 |
| CC = 200 |

수학 추리 퀴즈 5

오른팔생쥐는 모리쥐티 교수의 믿음직한 부하인데 감옥에 갇혀 있어. 오른팔생쥐는 얼마나 오랫동안 감옥에 갇혀 있었는지 기억하려고 로마 숫자를 벽에 새겼지. 오른팔생쥐는 몇 년 동안 감옥에 있었을까? 왼쪽에 있는 표를 보고 계산해 볼래?

$$VII + XIV + XXI + IV + C + XL + XVII$$

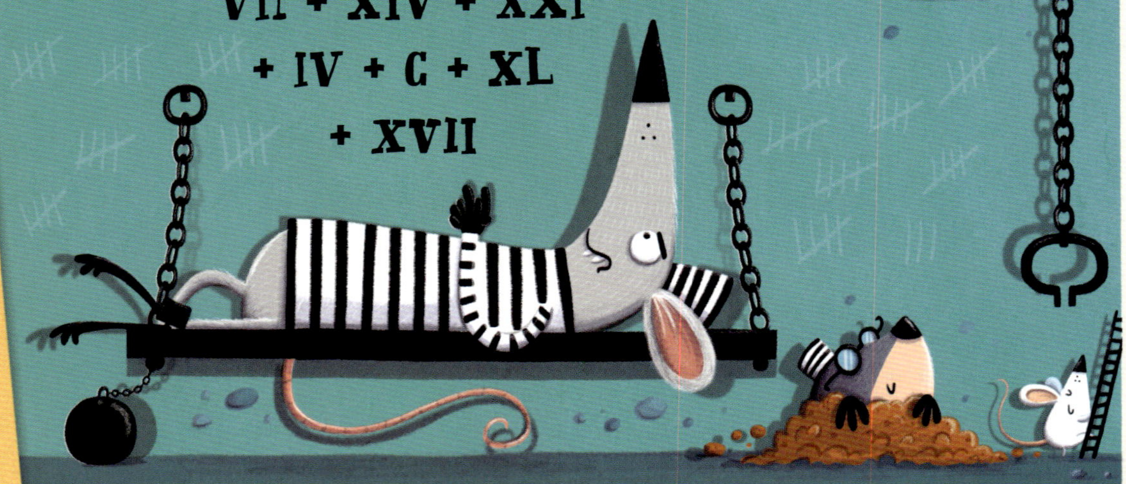

정답은 ☐ 년   로마 숫자로 정답을 나타내면? ☐ 년

● 총알 퀴즈 ●

19 − K = 11   K = ☐   XL + XVIII = ☐

J + 75 = 100   J = ☐   C − XIX = ☐

49 − W = 42   W = ☐ $\frac{2}{9} + \frac{5}{18}$ = ☐

84 + S = 97   S = ☐ $\frac{4}{16} + \frac{4}{8}$ = ☐

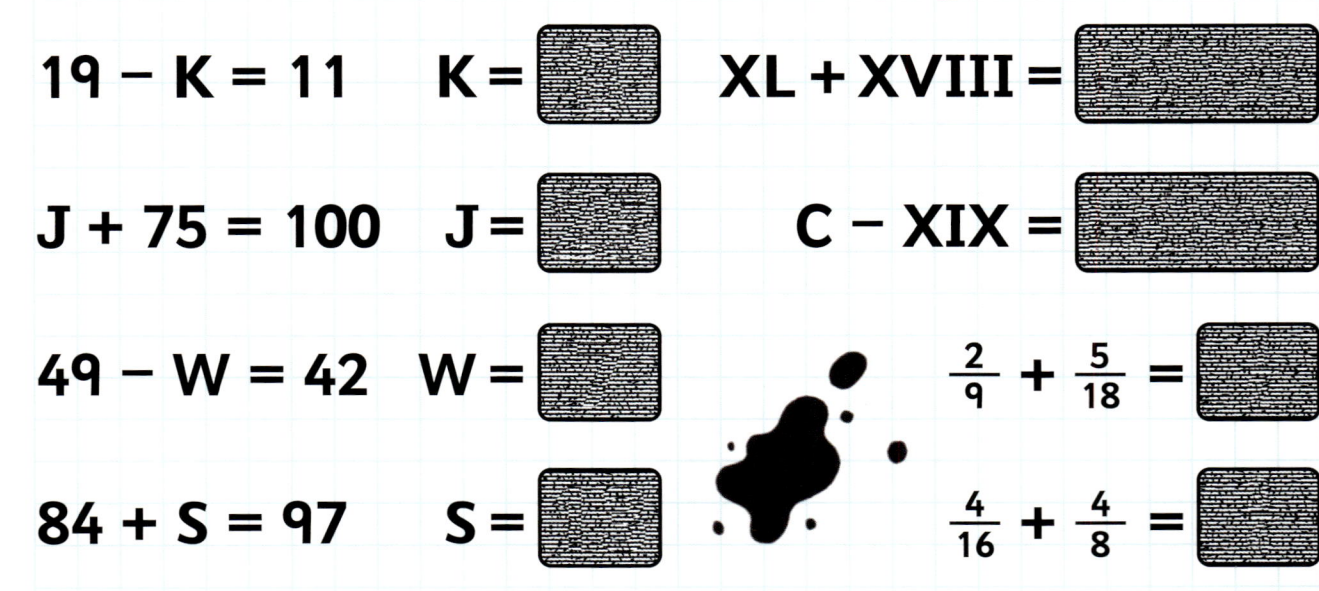

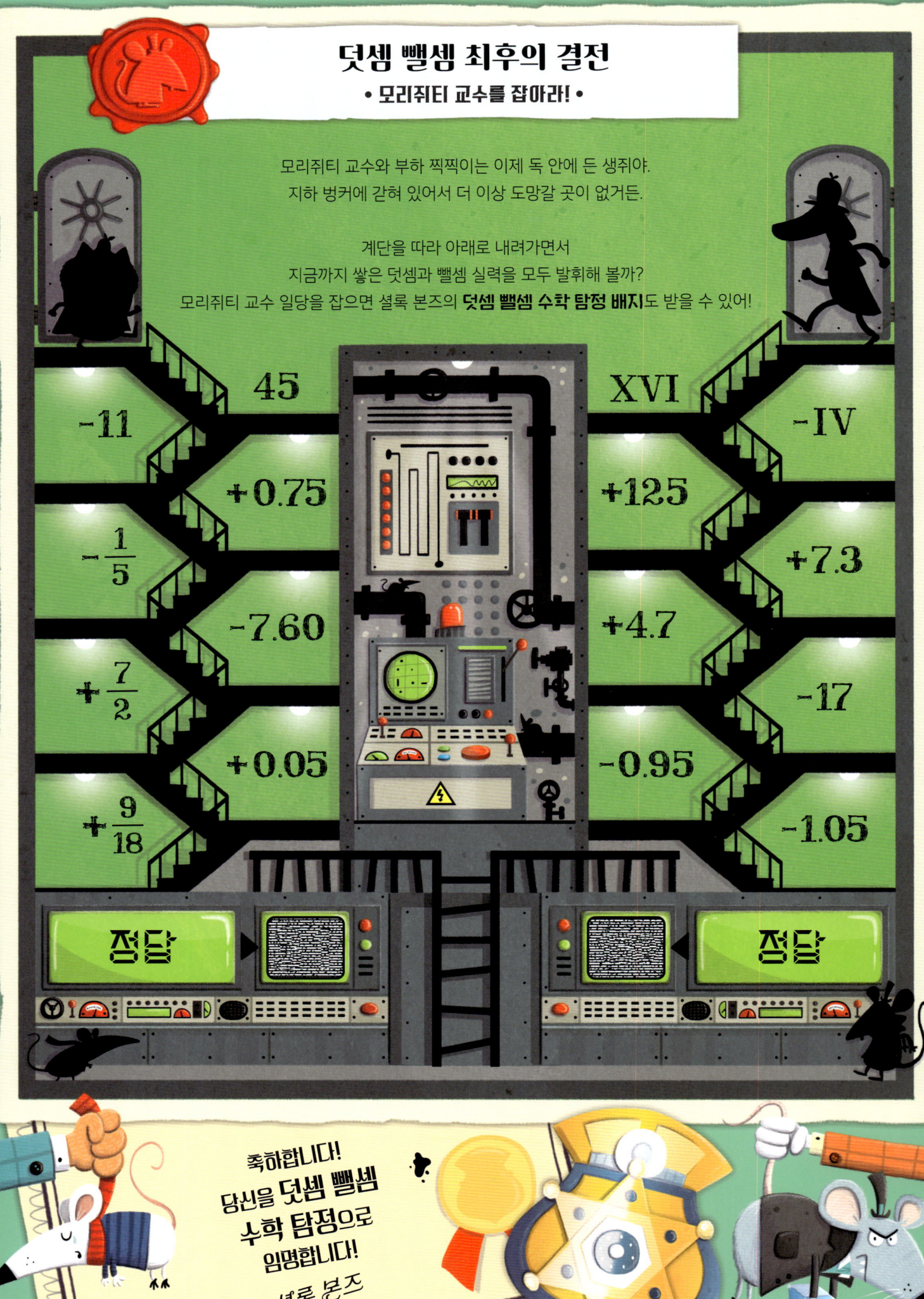